LA VIDA NUEVA

LA VIDA NUEVA

MARTHA CERÓN

Valparaíso
EDICIONES

Número 503 de la Colección VALPARAÍSO DE POESÍA
dirigida por FEDERICO DÍAZ-GRANADOS

Imagen de portada: Sebastián Gaviria Cerón (2000-2022)
Maquetación: Paola Hormechea Cuéllar

Primera edición: abril de 2025
© De los poemas: Martha Cerón
© Valparaíso Ediciones
C/ Fray Leopoldo, 7 Bajo 18014 Granada
www.valparaisoediciones.es
ISBN: 979-13-87538-61-3
Depósito Legal: GR 1126-2025

Impreso en España - *Printed in Spain*
Gráficas Gami

*El papel utilizado para la impresión de este libro está calificado como papel
ecológico y procede de bosques gestionados de manera sostenible.*

LA VIDA NUEVA

*En memoria
de Sebastián Gaviria Cerón
y Alfredo Rodríguez Pantoja*

BREVE PRELUDIO:
UN DÍA MÁS PARA EL POEMA

las palabras están ahí, pero a veces
se requiere del tiempo para verlas.
La poesía y el canto llegan tarde,
pero llegan con todos los amaneceres
de las palabras, y a veces, al alba pura
de un nuevo silencio melodioso.
Lo he descubierto ahora que el tiempo
ha sido largamente vivido. Para la alegría
no hay tiempo. Tampoco para la tristeza.
Vivo. Ahora escribo poesía. Otra manera
de vivir lo vivido. Otra manera de vivir
el tiempo que se ha de vivir. Los soles
y las palabras. La poesía llega temprano
cuando parece ser tarde. La poesía llega
tarde pero hace que todo sea temprano.
Un amanecer lluvioso sobre la ciudad
y sus ruidos. Un día más para el poema.

1. DIARIO DE UNA MUJER TARDÍA

DÍA UNO

se empieza a ser mujer por los costados rotos,
por las heridas de los árboles, por la memoria
enemiga. Se empieza a partir de la respiración.
A la vuelta de los días ser mujer se nos aparece
como un vestido nuevo para los rayos del sol.
Ser mujer es un rio que no termina. Cada día
el agua se lleva sus propios reclamos. No hay
un destino prefijado para los pasos. Ser mujer
camina a mi lado. Hay recurrencias antiguas,
horizontes abiertos al asombro. Hay tonalidades
sutiles que se entremezclan a favor de mis ojos
cuando miran el paisaje crudo que he sido.
Pero soy mi manantial, soy el recuerdo del agua
de donde brotó por primera vez el mundo:
acudiré por fin a mi florecimiento primero.

DÍA DOS

este es un libro: al interior vive una mujer.
La mujer está dotada de sombra. La página es un sol.
La mujer compone con el sol otra mujer distinta
a ella misma. La mujer se desliza hacia otra página
al tiempo en que la historia cuenta los lejanos
días de la niñez, los primeros rayones, la calle,
un columpio, un breve abismo lleno de viento.
Hay anotaciones sobre viajes que nunca hicimos,
sobre olvidos que nunca llegaron, sobre clausuras
de sucesos dolorosos que marcaron el tiempo
de una casa en ruinas. Pero la vida no es solo
una larga crónica de lágrimas. La mirada atenta
de la niña que fui indica acaso tachaduras
de un libro que solo tras acabar comienza.

DÍA TRES

hay mujeres que desembarcan en una isla de leones
blancos. La escena tiene la luz de Angelopoulos:
Los leones blancos parecen caricias abstractas,
pero están vivos en la majestad de una espera
mitológica. Un solo día ellas permanecen desnudas.
La luz es un rito en la más adorada lentitud.
Al atardecer las mujeres se han ido y de los leones
blancos emerge la noche, el símbolo de lo oscuro.
Esa es la primera alegoría inscrita en lo femenino.
De nuevo una suave superficie convertida en abismo.

DÍA CUATRO

fue difícil llegar a donde una mujer blanca espera
la respuesta a la pregunta por la forma del deseo.
Pero la mujer blanca es la noche. Fue difícil llegar
a donde la llama alumbra la respuesta por el deseo.
La mujer blanca cierra los ojos: le da forma de luz
a la espera. Fue difícil leerme. Tuvo que venir
el viento cálido, tuvo que venir el agua, el fuego
de cada día, la tierra cuyo nombre es lo femenino.
Los días tuvieron que llegar tarde y convertirse
en las páginas de un libro donde las frases tachadas
son árboles antiguos: bajo sus ramas me revelo.

DÍA CINCO

soy mi eslabón perdido: me encuentro ahí donde soy
mi propio laberinto: divago sola esta mañana rumbo
a ninguna salida. Me presento ante mi roto espejo
con un cuerpo distinto. Me olvido de todo y prosigo
siendo cuerpo perdido, olvidado del mundo en donde
mi morada es mi destino, pero cuerpo que es la clave
del ahondamiento en el precipicio. Sin embargo, sé que
me hallo sentada escribiendo: mientras escribo encajo
en la forma de mi ahondamiento. Soy la pieza que falta
para poder seguir siendo yo misma. Me hallo en un lugar
lejano donde encontrarse es de nuevo el eslabón perdido.

DÍA SEIS

en el día seis nada en especial sucede: un supermercado
fue invadido por una plaga de señoras con bolsos donde
cabía todo el deseo ausente. Luego fuimos a ver la piscina
a la casa de la lectora de Yourcenar. Tomamos vino.
Entre tanto en la televisión daban un documental sobre
la revolución francesa que a ninguna de nosotras conmovía.
Sin embargo, ya en la noche, la embriaguez no dejaba de
                                         [ser
una guillotina pues pronto nuestras cabezas risueñas
                                        [rodaron
sin falta por entre un bosque de cosas cotidianas, aunque
también un jardín de lágrimas hizo su debut. Alguien llora
y su llanto queda ligado al crecimiento de las rosas. Mientras
tanto una de nosotras no comprende lo que ha sucedido
y continúa hablando sola de su deseo de sentirse otra.

DÍA SIETE

citar a Olga Orozco durante la siesta en casa
de la modista que tiene encerrado en una bodega esférica
trajes para vestir las arañas a las que tanto tememos.
Luego he leído un poco antes de cerrar los ojos. Los
días nada tienen que ver con un balance de lo vivido.
En casa de la modista los hilos nos persuaden para
que tejamos con ellos el aire de reírnos. Los días parecen
faldas que ya no se usan pero que esperan en algún
desván el retorno de los cuerpos que nunca vistieron.

DÍA OCHO

la modista enloqueció. Tal vez sea solo un mito. Sus
ojos son ahora como un aristocrático mapa del silencio
que envuelve cual invisible tela nueva sus manos.
A medio hacer quedó el vestido de novia igual a como
un músico que muere deja la leve tonada sin acabar.
Pero tampoco hay noticias de la novia entre los retazos
de palabras que hablan de los colores. Para un de pronto
quedó el despertar de las reinas durmientes. Con la aurora
estallando como higo nuevo escaparán todos los vestidos.

DÍA NUEVE

el martes en la mañana me encontré en el espejo
a una mujer satinada en un cuarto que tendía al fucsia,
pero no exactamente: más bien el color que predominaba
era como un anillo diferente en el dedo con el cual la luz
tocaba de pronto los cabellos de una mujer inesperada
que se resistía a su definición. La suavidad del manto
turquesa concuerda con la hondura del tiempo
y la llegada en la tardanza gris de la mujer que soy
como paisaje que cambia, la innovación de un rostro
actual que emerge invicto de sus batallas:
mujer sola en el cuarto fucsia.

DÍA DIEZ

me he tardado en pintar canastos
con frutas y hierbas del páramo. Saber
que la casa olerá a hierbabuena este
nuevo verano reconforta, tal vez sea
la primera vez que anexo mis ojos
a un nuevo comienzo. Los dioses vienen
de muy lejos y a lo mejor eso explica
el llanto y la demora de la niña. Pero
el esplendor no es una habitación imposible.
Habrá una playa y movimiento de la marea,
pero también algo más: ella arribará
a una instancia decisiva en sus indagaciones
sobre las cosas que de verdad inciden.
Se detendrá en los detalles del trenzado
del bambú tan parecido a la música
y en los nombres minuciosos de las hierbas
traídas de los páramos andinos.

DÍA ONCE

a veces los dioses se visten de pequeñas catástrofes
domésticas. Que se quebró el mejor vaso, que dejó
de funcionar la máquina de licuar viejos sueños, que
una mancha de humedad forma en la pared del cuarto
algo como la cara inexpresiva de un demonio que aterra.
Habrá que sacar de la casa el agua y los pájaros muertos
que dejo la última tormenta. Habrá que entonar versos
celebrando los estragos pues son ellos las avanzadas
de los dioses. Preparar para la luz estancias nuevas.

DÍA DOCE

luego un poema para los múltiples
detractores de los jardines a media tarde,
cuando con prontitud arden las mujeres
con el fuego de los murmurantes enemigos
y la incidencia de la luz de la luna
sobre los muros. Ellas redactan sus sueños
como informes de una jornada en contra
de la promiscuidad de los colores. Sé que esto
suena extraño. Sé que también he llegado
tarde a la extrañeza de lo moderno, sé que
el verano tiene dulces poetas enemigos,
las señoras no se enteran cómo una mujer
tardía puede empatizar con los efluvios
(antiguamente esta palabra era como el amor
del tañedor de las hojas del libro que escribo)

DÍA TRECE

las hormigas han llegado a la mesa.
Esto quiere decir que hay restos de comida
y trastes pintados de cualquier forma.
La superficie del cuadro con hormigas
que trabajan indiferentes a la representación.
Vestigios de un lunes que la mujer carga
por dentro mientras las hormigas toman
nota de los desperdicios. El arte moderno
a lo mejor no necesita de lo diminuto
que vive al margen de la razón civilizada.
La vida aparece llena de monumentos
superlativos más allá de la crónica
anodina de este lunes en que recojo
lo que quedó de la cena. A ello agrego
hormigas que parecen antiguas letras
de canciones que cantaba en la infancia.

DÍA CATORCE

se empieza a ser mujer por la insistencia del cuerpo.
El cansancio de este día tiene la forma de una cama
donde la mujer está tendida. En la radio suenan baladas
de moda. No importa porque la mujer pertenece a otro
telón de fondo, a otro legado no escrito, a otra numeración
de las cosas que faltan. La escritura sirve para integrar
                                                    [estas
pausas al libro de la mujer que comienza. La mujer está
inmóvil y arde y descansa del ardor y se silencia para oír
la voz con la que ha comenzado a ser de nuevo la mujer
tardía. Se empieza tarde, pero la poesía siempre espera.

DÍA QUINCE

A mi hermana Claudia Paola

se termina en un espacio de esculturas ausentes.
El día claudica dice Claudia. El día entrega lo vivido
como si lo vivido pudiera reducirse a la fotografía
de una mujer que espera. Lo primero ha de venir
y entonces le daremos forma. Lo primero cobrará
movimiento, cobrará risas y vestidos nuevos.
Una mujer que espera se abre al movimiento
no siempre puro de una flor al abrirse. Pero
¿qué es entonces la impureza? Se termina siempre
por recordar cosas que no sucedieron, sueños,
rostros conocidos de familiares que acaso
no existieron, pero que despacio como los días
la memoria esculpe para el álbum de lo difuso.

2. DIARIO DE UNA MUJER DIFUSA

EN LA TARDE DURANTE
EL REGRESO A CASA

la primera mujer se pierde
en un pozo de dudas sobre sí misma,
la segunda mujer es el hilo blanco
que la rescata. La tercera mujer
es la misma, solo que un poco más
alta y tan vacilante como un símbolo.
Entre la primea y segunda mujer
hay una distancia llena de cuentas
erróneas, pero a quién le importa
ahora que la luz no sea tan exacta.
La primera mujer reducida a unas
cuantas líneas, se difumina sin desaparecer.
La segunda mujer llega y la suplanta.

BREVE CRÓNICA DE
UN MATRIMONIO MODERNO

la mujer casada falta a la cita
con el amante de ojos despiertos.
El marido sospecha algo pero
igual saca a pasear el monstruo
de los celos repentinos. Su bigote
arde en llamas, pero eso no importa,
todo tiene que conservarse intacto
dentro del estuche de la fidelidad deseada.
Luego, tantos años de estar juntos
ha dado lugar a una selva de grietas
por donde se filtran amantes imaginarios
que alteran la disposición de las flores
y los colores que se tornan libidinosos.

VIVIENDO EN EL DÍA DE
LAS TRANSICIONES BRUSCAS

la perfecta dama de la entropía,
la mujer de terciopelo y moléculas,
la mujer niña de manos esféricas,
la autora de un cuento de hadas
a punto de arruinar el final feliz.
La mujer que quedó inconclusa,
pero que ahora regresa a la fábula,
la mujer con rostro de ceremonia
esotérica, la mujer sin orden que nace
del gusto que da morder una fruta,
la mujer en forma de candela fría,
la mujer sin mapa de sí misma pero
siempre como un laberinto transitable.

INCURSIONES EN LA IMPERFECCIÓN

tal vez dentro de Kafka
había una breve mujer atrapada
que pedía una más larga
duración. Tal vez por eso
Kafka amaba la imperfección,
Solo que su amor era perfecto.
Lo femenino ardía en sus ojos
y generaba variaciones
extrañas a nivel de los detalles.
Una luna kafkiana sangra
un poco mientras que sobre
la cabellera de la noche
brillan las soluciones lejanas
para las cosas más próximas
que de noche duelen y atormentan.

EL DÍA DE LAS CLAVES DE NOSTRADAMUS

resulta que espero a que abran
las puertas del supermercado, pero
esto no es toda la verdad: hay tiendas
donde el mar Pacífico estrella objetos
de lujo contra los acantilados de las vitrinas
sin importar el sofisticado diseño, una
catástrofe cordial, un símbolo, lo suave
que arranca las cabezas de las muñecas,
como si la espera fuera una canción
para turistas oníricos. En la fila una
señora habla de huracanes. Una niña
siente mareos. Una mujer anecdótica
mira impaciente hacia las puertas
que nunca se abrirán, pues a lo mejor
la intriga es resultado de la desesperación
y en lugar de mujeres esperando, seamos
profecías en un sueño de Nostradamus.

RETORNO DE DAFNE
(MÁS ALLÁ DE LO QUE DICE EL MITO)

no puedo asegurarlo, no tengo
pruebas suficientes, solo yo
misma encerrada en un cuarto
oyendo a Dafne llorar. La ventana
ha quedado abierta. Eso dice
el mito, pero nadie ahora se detiene
en las transformaciones. La rosa
hizo una cabriola sobre su mejilla,
su cuerpo subía y bajaba
llevando la sabia hacia el cielo,
sus dedos buscaban a tientas
entre las frondosas ramas
palabras para decir aquello
que entre las mismas ramas sucedía,
como si fuese un nuevo drama
ante los ojos del dios distraído.
Al final llegaron los pájaros.

POEMAS A LA ESPOSA
DEL CONTORSIONISTA

y el malabarista del día se ha ido:
ahora solo queda lo dicho a modo
de cabriolas insurrectas. Alguien dice
estupendo. Pero es solo una frase más
que no llega hasta la alabanza de aquello
que dentro de mí sucedió. Nada sabemos,
nos apagamos, hacemos lo que se supone
debe hacer una mujer que sueña. De nuevo
nos apagamos. Presentimos una luz.
Soñamos en el regreso a lo de siempre,
anhelamos volver a nuestro rostro
de siempre. Pero el malabarista
del día se ha ido. Y esto a lo mejor
implica una cabriola en mi cuaderno
de cuentas diarias y avatares poéticos.

BREVE ROMANCE DEL GUANTE QUE
HUYÓ DE LA MANO

si no eres la mujer que perdió el guante,
podrías mirarte la mano desnuda
con la que escribes. Podrías pensar
en el sentido de la aventura: el guante
y por dentro la mano fantasma.
Podrías pintarlo como el guante
de una reina que lo abandona
a las usuales circunstancias.
Imaginar que el guante
tiene uñas perfectamente pintadas,
verlo arañar una inmensa pared lisa,
confundir el guante
con tu propia mano,
dejar que su ausencia cobre vida,
convertirlo en el tacto cuidadoso
del motivo, preguntar al viento
que otra mano lo porta
con la elegancia de una actriz
que ha comprendido la escena.

ELEGÍA TARDÍA PARA LA MUJER ROTA

podrías también salir a caminar
ahora que el cielo azul establece
un nuevo y acaso dulce acuerdo
con esa parte melodramática
de tí misma que a veces llora. Una
niña azul evoluciona lentamente
hacia tu rostro en alabanza
a los días mal o bien vividos. Ahora
todo cambia. Melancólicos muros
se apartan para que emerjan canciones.
Tal vez aun no sea el momento especial
para entonarlas. Falta a lo mejor
que caigan los restos de lo que fue tu vida.

NADA PUEDO HACER MÁS QUE DILUIRME

no es posible retroceder ahora
hacia esa forma que antes eras.
La antigua mujer se ha ido hacia
la niebla. En su lugar ha quedado
el asombro de las cosas diminutas
y el hecho de vivir a la expectativa
de las flores dolorosas. Puede que
a semejanza de una florista mitológica
me haga fondo de morada difusa
donde no es posible acaso comprender
mi otra manera de estar entre las cosas
concretas. Ser mujer es esta niebla
de palabras inscritas en el nuevo
reverso de una cinta no resuelta.
Un papel intacto puesto sobre el agua
que impregna lo que está inscrito
a la manera de un dibujo perfecto
que representa la voz difusa.

PEQUEÑA JAULA DE BRUMA CON UNA MUJER ADENTRO

pensaré en otra cosa. Debo irme
dice ella. Pero te falta orden dice
el viento. Debes volver a casa
aconseja un árbol. Es hora de dar
forma a los nuevos alimentos dice
de manera imprevista la secreta
guitarra en la curva de una música.
Pero qué hacer con mis bordes
irregulares, qué hacer con los objetos
rotos, qué hacer si los días
son el movimiento de la bruma,
qué hacer cuando los pasos
deciden escapar de la pequeña
jaula hecha de palabras ya dichas.

DIARIO DE UNA PEQUEÑA JAULA
QUE VUELA

la piedra sale de su jaula de piedra
en forma de un pájaro de aire: así
la mujer pasa de lo pesado a lo leve:
no es una bailarina, pero cuando piensa
el mundo lo hace sintiendo
espirales y remolinos. Más tarde
el pájaro de aire regresa a la jaula de roca
en la roca del sueño: así la mujer
retorna de la levedad del aire
a lo difuso del recipiente,
donde lo femenino ocurre
como transiciones de la mezcla.

CANCIÓN PARA LA DAMA QUE REGRESA (PREMONICIÓN)

la antigua mujer regresa: soy su casa.
La recibo: viene de lejos, trae otro rostro,
trae en su maleta la imagen de lo que era,
trae en una caja pequeña cielos que vio,
trae la invisibilidad y me la muestra, trae
vestidos, trae su silencio. Ella se sienta
a esperar que yo hable. (Ella se alimenta
de mis palabras) Yo hablo por ella. Soy
su historia. Le sucedieron muchas cosas.
(Le sucedieron atardeceres en una ciudad
remota). Le sucedió un bosque en el sueño,
le sucedieron los nombres de los pájaros,
los números y los asombros, el llanto
y la despedida, el amado hijo que se marcha
para siempre y que olvida sus cuadernos.

CANCIÓN PARA LA DAMA QUE PARTE

una niña que parte
y el final de una historia:
la aventura de los mundos,
la pequeña muñeca rubia
y otros juguetes que nunca tuve:
todo ello se va de viaje.
La carretera es sin embargo un sueño.
Lo real es el vuelo de los juguetes
hacia el lugar donde cobran vida.
El poema cambia me dice la niña
que se marcha resuelta hacia un para
siempre. El poema lo cambia todo.
Así mismo pasa con los juguetes.
La muñeca rubia sonríe viendo
mi oscura materia
mientras el sendero
de la vida cambia el dolor de vivir
por la incesante renovación
del paisaje. (Transfiguración de lo vivido)

3. HOJAS DE CRISEIDA
(DIARIO DE UN POEMA EN CONSTRUCCIÓN)

A donde voy tarde o temprano el tiempo
sabe cómo llevarme sin boleto.
LILIANA CADAVID

y te hablo del viento
que escribe la mañana
en su libro de viajes.
MEIRA DEL MAR

Las mil amantes que describe Jayadeva
podrían ser a la vez el pueblo entero
de las mujeres y una sola y misma mujer.
MARGUERITE YOURCENAR

HOJAS DE CRISEIDA

Lleva un hijo de agamenón en su vientre:

por lo pronto este es el tema:
lo anotas en el diario
de tu regreso a la escritura
y prosigues atendiendo

los correos electrónicos. La escritura reemplaza

la navegación de Ulises. El tema no es el mar
Egeo: son mis pensamientos.
El mar o la indiferencia
que navego. Pensar que mis cabellos podrían ser

azules como el mar del regreso.
Pero no es suficiente
el tema del cautiverio de la mujer.
Las preocupaciones
cotidianas. Argos o la lejanía.
Ser la doncella raptada

no es para nada un comienzo absoluto.
Como en el ajedrez
la vida tiene muchas aperturas.

(Tal vez lo que sigue me lleve
a buen puerto) Ojalá las fuerzas de Apolo
auspiciaran

la progresión de mí misma:
el desarrollo y el acercamiento
a la escritura: la poesía:
su frecuentación
ahora. La progresión

de la *Ilíada* absorbe mi interés.
Todo aquel asunto
de la joven Criseida es una invitación.

Investigar el tema
de la mujer cautiva. Luego también
como hilo que conduce
el Canto
es el tema de una mujer tardía
que lee la *Ilíada*: yo misma:
mis ojos. La historia del regreso
de Criseida en la espaciosa
nave de Ulises. *"Bordando la tela y compartiendo
mi lecho"*, se dice de Criseida
en la *Ilíada*. Mientras
tanto, la sabiduría de la trama
inunda de sentido al poema.

Lo cierto es que de Criseida,
hija del sacerdote de Apolo,
poco o nada se sabe. La aflicción
durante el cautiverio
de Argos. A través de la alta ventana
de un palacio
sus ojos miran en la tarde
extenderse sin fin el espacio:

un paisaje: los trigales en los fértiles
campos argivos, pero
en su mente la imagen
de su padre está fija. La mujer no es
                          un espacio
                          en blanco. La relación
                          de su cuerpo
                          con la guerra. Troya
está inscrita en anónimos vientres femeninos.
Los sucesos
de la guerra colombiana. Las niñas
que nunca crecieron
para el ver el nacimiento del sol
en las montañas andinas.
(Finalmente ella fue devuelta a su padre.
Conducida hacia
su padre
por Ulises). La navegación por el Egeo.
Hay otros
comienzos posibles. (Iba a decir
el de *La vorágine*). Iba
a decir:
"Desconoció la ciencia del beso y sus manos fueron
incapaces de inventar la menor caricia".

Iba a decir el rito
de la selva femenina,
iba a decir Alicia también raptada,
Elvira Silva muerta y llorada para siempre,
Lucrecia o el dolor, la trata
de blancas. La mujer anulada,
borrada de la lista, cegada,

sor Juan Inés a quien le quemaron sus libros
y su astronomía.
(*Hombre, ¿Eres capaz de ser justo?*
Una mujer te hace esta
pregunta) María suplicó,
sus gritos eran las paredes
menos los gritos,
los vecinos la socorrieron, había sangre,
el cuerpo de la mujer golpeada,
el cuerpo de la recién parida,
la mujer desaparecida,
la borrosa foto de una niña pegada
en un poste del barrio:
Luisa
a quien su padre busca,
Teresa, pero ya sin Teresa para siempre,
la drogaron dice el periódico,
la quemaron viva en el basurero,
la torturaron y luego le pegaron un tiro en la nuca,
no se sabe quiénes

se la llevaron. La policía investiga.
La poesía investiga. Hipatia
mártir. Ella la mujer poderosa.
La santa. María Sabina la sabia (*soy*

mujer que examina), las curanderas
milenarias de los Andes,
las comadronas de las selvas del Pacífico,
las adoradoras del fuego,
el rezo interminable de la pitonisa,

las damas nocturnas
que se mimetizan, la Sibila de Cumas,
las brujas por la inquisición
torturadas y masacradas.
El tránsito de Corín Tellado
a la ficción de *La Amortajada*.
El tránsito de la sexualidad mágica
a la rebeldía,
el tránsito
del habla cotidiana a la voz
      de la visionaria
      & la profetiza.
El tránsito de la poesía
a la sociología de la violencia

más allá del reportaje
lacrimoso. Criseida por Agamenón
secuestrada. Agua de flores de manzanilla
para lavar
las lágrimas. El aroma del romero para la memoria.
Quiero
decir esto: que siendo niña
la abuela era para mí como una nube

alta (Su voz cargada de leves remedios).
Entonces vivíamos
en un barrio (La Rivera de Cali).
Me gusta que a esa niña
que fui le gustarán tanto
los árboles
que ahora me gustan.

Me gusta
que a ella le gustara subirse entre las ramas
y jugar como una ardilla.
Pero no busco centrarme esencialmente
en el recuerdo de lo que se ha ido,
en la salvación del pasado por el canto,
aunque pienso que la relación

                  entre la poesía
                  &
                  la memoria
no está clausurada como a veces sugieren
las tendencias postmodernas.
Sé que ahora hay una poesía de mujeres
que van a los gimnasios los fines de semana.
                  Un poema
                  a propósito
del compromiso de la mujer con su cuerpo.

Tal vez ello pueda ser tratado
de acuerdo a un abismo. No
lo sé del todo. Ahora me gustaría
irme a descansar

unos días a una cabaña
y pensar en el destino de Criseida,
motivo humano del disgusto
entre Agamenón y Aquiles.
Sumergirme en Rilke.
El mundo podría

ser transfigurado en la espera
de una respuesta de mis ojos
a sus acostumbradas tiranías. No sé si
                              me explico.
                                   Además
de las flores andinas busco
la contemplación de la Idea.
                                   Abrir un libro
y sentirse de pronto un poco desorientada.

Preguntar en medio del largo asedio
de Troya
cuáles son de las circunstancias esenciales.
Los hechos.
                         La poesía
                         & el replanteamiento
de la poesía
(ese quizá
sea el tema
cuando tardía
es una mujer quien intenta
escribirlo)

Jugar a ser quien lucha por establecer
para la poesía
una luz distinta (No seas ilusa Criseida).
Ser una poeta
colombiana que pasa ya
de los cincuenta años
no es un tema homérico.
Ríete de tí misma:

Asígnate el papel de bruja mala
en el culebrón de la tarde.
En todo caso nada tiene que ver la poesía
con Verónica
Castro en la novela
Los ricos también lloran (1979).
Pero entonces
eran poéticas esas tonterías…
llegar de la escuela y no hacer
nada, ver la gente pasar y gustar de eso, comer dulce
de guayaba preparado en casa…
porque seguramente ya desde
niña mi abuela decía que yo era distinta.
Mientras tanto dejaré

de ir al gimnasio por unos días.
Me ocuparé un poco del circo
de mi cabeza. (Tendré que leer de nuevo *La vorágine*)
Por cierto, me gusta pensarme
como la trapecista. Me gusta
sentir que soy la mirada que doy
a ese riesgo de pensarme
como la mujer que se balancea

distraída en las alturas,

ir de la prosa al verso,
del verso a la prosa. Quedarme

ahí un tiempo jugando a ser los trozos
de una historia

que seguramente tardaré en escribir.
(Una historia sobre
el ulterior destino de Criseida).
Perderme entre un bosque

de pausas. Hacer que las cosas
más familiares pierdan
ese aspecto de atontamiento
de trastes en el fregadero.

La solución es un bosque.
La solución es ir hacia las capas
más frenéticas. La solución es anular
las voces que dicen
que una mujer se reduce
a una mujer que espera un hijo.
La solución es el oráculo de Alicia.
Alicia como camino hacia el canto.
(El cielo de Cali es perfecto).
La niña perfecta de rostro apolíneo
adivina un tiempo otro,
que es
            el para siempre del tiempo

(del tiempo que se requiere
para que una sola flor encuentre
su lugar entre las posibles
voces del pasado). Pero el tema es otro.
Las naves y el eterno mar
del retorno a la casa del Padre.

Comprendo que el tema sea otro.
Comprendo que hay censores y censuras.
Balancearse de alguna manera
entre esos dos ámbitos. Avanzar un poco más
sin reparar tanto en los auto-reproches.
Pensar que las cosas saldrán bien
tal vez sea un procedimiento inadecuado
cuando de la poesía se trata.

Se necesita algo como un conejo. No exactamente. Más
bien se podría aplazar el misterio del conejo por la cara
femenina de un Buda en los tiempos en que me abrí al
Tao. No hay una flor sensata que no piense, mientras
dura, que sus pétalos son eternos. Empezar entonces
por la duración de una mirada que florece. Hablo de
entrar de espaldas al espejo para ver el instante en que
la realidad pasa a ser asunto de un verso que retrocede.
Eludir la moraleja es la moraleja. ("*Si no sabes dónde
vas, cualquier camino te llevará allí*"). Una defensa cuasi
ferviente del tema de los colores. Luego es necesario
no perder de vista el anclaje de los versos. Luego ha de
venir el periodo previo al paisaje de ahora. Lo anterior
no puede ser solo un detalle por demás vistoso. Algo
que no siempre se pasa por alto. (Criseida en Argos). (La
mujer en las masacres colombianas). La mujer pasada
por alto ahora retorna con un canasto tradicional de
flores y frutas insurrectas. Una alternativa distinta que
fluye y que esculpe la orilla a medida que fluye. Como
se puede notar, soy todo menos una mujer en calma,
pese al equilibrio y calma de mi signo (Libra). El gusto
por las relaciones a largo plazo. Hablo de un tiempo que

es otro tiempo (el de la poesía). La vida nueva a largo plazo. Una mujer es todo menos la simple igualdad entre dos palabras iguales. Alicia lo sabía. Por eso pudo entrar en el espejo sin que hiciera falta los conjuros de la maestra de matemática haciendo operaciones alquímicas en el tablero de la escuela. (Entonces era como Matilda Wormwood. Leímos *El principito* y aprendíamos a mover las caderas con la música cubana). Pero parece que cuando de encontrar el tema se trata, es encontrar un espejo y buenos auspicio del dios Apolo o del Espíritu Santo o de los Orishas o de Baba Yagá. Las tres brujas de Macbeth desvanecidas en el aire. La poesía y la magia van juntas, por fortuna, todavía. Eso lo sabía Criseida en cuyo vientre había un remolino de galaxias. (Pero no olvidar que ella espera el hijo de un Rey) No olvidar que la *catoptromancia* es la adivinación mediante espejos. (La poesía es un espejo sugirió Borges). No olvidar que las espumas son femeninas, que las nubes son femeninas, no olvidar nunca el símbolo de la madriguera. No olvidar que la prosa es femenina.

Tal vez Alicia no haya leído la *Ilíada* todavía.
Las montañas
todavía. La mesa donde escribo todavía.
Criseida todavía.
                              El tema
es la crisálida todavía. Sobre la mesa, Troya
                    aún no comienza.
              La mujer que soy,
                    es ahora
esa mirada más allá de los ojos tras el cristal

o la niebla. A veces pareciera que estoy perdida,
a veces pareciera que me pierdo en lo que digo.
Esa es, entre otras, una sensación femenina.
Le pido una vez más a Freud que se calle.
Demasiada prosa, demasiados trastes se acumulan
en el fregadero, demasiados vocablos al interior
del cerebro en llamas. *Sí* y otra vez *Sí*: un verso
semejante a un breve Sí. Un breve abismo.
Un breve mundo semejante a un breve Sí de fuego.
Un breve verso ahora es el rayo que rompe
el cascarón de la oscura mujer freudiana. De nuevo
un breve rompimiento, esta vez del espejo

> de la identidad
> en el centro
> del espejo.
> De nuevo Cali
> donde fui niña.

De nuevo la posibilidad de hacer con la herida
un nuevo comienzo para ir más allá de la herida.
(Para ello no es obligatorio aplicar ninguna dieta
Ni inscribirse en un régimen de ejercicios online)
Pero quién de nosotras está dispuesta a entrar
a un gimnasio que se llamara, por ejemplo,

> Gabriela
> Mistral.

(¿Cómo quedan Señor, durmiendo los suicidas?)
(Si tú me miras, yo me vuelvo hermosa…)

Tal vez el tema sea el de la mujer mediadora.
Me he tardado un poco. He comenzado tarde.

El tránsito por la sexta estaba horrible. Un aguacero
inundó las calles. He llegado tarde. El cielo de Cali
en invierno es como un oscuro

pretexto. Pero hay que resolver los problemas.
                 Finanzas
                   & versos.
Ropa sucia de la semana y una novela
de Yourcenar sobre la mesa
                (Opus nigrum).

La belleza de Ofelia y los trámites del divorcio.
               Eurídice & los formatos.
             Grimalkin & Paddock & Harpier.
Los desmanes de la carne
y los suplicios
de Santa Teresa.
La prisa melancólica por llegar
                   (demasiado tarde)
a ninguna parte. Los sonetos
de Petrarca abandonados
a la deriva.
               Laura
               & los muertos
en el periódico.
               Laura
               & las bromas
sobre la sexualidad femenina. Laura como
texto que se escribe así mismo.
Laura de todos modos
y en el cancionero las frutas estilizadas. Una postal

de los campos de Provenza.
Una incursión tardía,
pero es preciso seguir:
Laura
De Noves en el año
de la peste negra.
Realmente poco
conocemos de ella,
salvo que era terrígena.
Pero sabemos
también que la poesía no se reduce a su rostro.
Pensemos
en la belleza de la Malinche.
En el Renacimiento, pero lejos
del Renacimiento,
ellas *"concubinas*
o barraganas".
Mujer
texto que calla.
Mujer
texto que vive.
Cuerpo que calla.
Grito que calla.

> Noche
> & silencio.
> Cuerpo
> Callado
> por los gritos.

Ritualización de las lágrimas.
Ascender hasta la voz.
Hasta la cima y decir Sí.

(decir Sí a la escritura
que dice Sí)
Dejar que el cielo

nos llore. Llamarme a mí misma Marina.
Es parte del mismo
tema. Incendiar de nuevo el idioma Castellano
en nombre de lo que ha sido callado.

Pero seguir guardando el secreto.
(Llamar al secreto
                    Alicia o Criseida.
Anotarlo en el diario
de una mujer tardía)
Seguir en el ahondamiento.
Incendiar el tema. Situarlo
al interior del esquema
entre las cosas por hacer.
                    Yourcenar
                    & Sor Juana
en un mismo esquema para la memoria:

> *"Prefiero deletrear algún texto con vida"*
>
> *"Si Aristóteles hubiera guisado, mucho más habría escrito".*

Proseguir ahora con el viaje de Criseida.
Detener la *Ilíada* para narrar
los días de aquella
muchacha griega que fui. (En el vientre llevo

el hijo de un Rey) En el supermercado
pienso en el cautiverio

de las hijas de la tierra. De camino al banco pienso
Carmelina Yule asesinada en el Cauca. Pienso
en los ojos de Hipatia como naves que viajan
entre las constelaciones. Llego a una esquina
cualquiera y mientras espero que el tránsito
de los autos me permitan ganar la otra orilla,
                    pienso
                en este poema.
(Juan de Nikiû consideraba a Hipatia
una bruja peligrosa)
                Tal vez la poesía
                sea brujería pura,
al menos eso quisiera. Pero
¿en qué sentido la poesía
es peligrosa?. Hipatia asesinada
por fanáticos religiosos.
                    En el fondo de la oscuridad
                    & el dolor viene creciendo

la llama *"y bien se deja en esto conocer cuál es*

la fuerza de mi inclinación" (Yo digo al fuego)
"me encendí yo de manera en el deseo de saber leer"
                    Una mujer no solo
                    es la poesía como misterio.

                    Una mujer no solo es la poesía
                    como belleza

Una mujer no solo
es el tema del canto.
Una mujer
es la hacedora del Canto.

"Enternecimiento al
despertar". Nuevos ojos
para un nuevo cielo.
El sexo servido sobre la mesa.
Afrodita en el espejo retira
los encajes. Pero no hay un desnudo
para Botticeli,
sino un texto que se mueve.
La trama de la vida.
El lugar de lo femenino
como enigma entre las cosas.
Pensar no es tanto la *Venus* de Urbino
de Tiziano, como
                    los trabajos
                    & los días de la mujer

rota. Pero soy *La Venus*
de Urbino:
quiero decir
que estoy desnuda
y miro hacia el espectador
mientras escribo
y mientras me trasformo
en la bruja
                    Baba Yagá.
Cierro los ojos. Me adivino.

Soy lo masculino
contenido por lo femenino
       soy lo femenino
       contenido
       por lo masculino.
            soy la
            proximidad
       de lo masculino
       & lo femenino.
      Pienso que este es el tema del canto
           y
lo anoto en mi diario del regreso.
Solo hasta ahora
lo encuentro. La narración continua.
Mis manos como cuentos de hadas
entretejen la historia. Los dedos
largos.
      Los ojos
      & el artilugio
      de la mirada.
Baba
Yagá y la música. *La cabaña*
que anda sobre patas
de gallina. El bosque y los murmullos
de espesas formas
corporales. La mujer de tibio lodo terapéutico.
La mujer de goma de nubes de amaranto lloroso.
El espectro líquido de la llorona
nocturna cuyo llanto impregnó
mi infancia en la ciudad de Cali.
La mujer en forma de agua de cascada

visualmente espléndida.

   La madre monte:
   por dentro mujer
   & por dentro monte.

La mujer
de agua que es llanto de montaña.
La niña en su aurora jubilosa.
La montaña niña donde nace el trueno.
La mujer que es doble trueno del espíritu.
El rostro de Charlotte Gainsbourg
al comienza y al final
de la película
   Anticristo. Lo terrible
   femenino.
   La bailarina
   que forma remolinos
donde según dice la leyenda
viaja el diablo vestido de polvo vertiginoso.
Nosotras nos reímos
porque nos reímos.
Nosotras somos
el corporal murmullo
del viento
en el silencio sin rostros de las calles
de Comala.
   (*"Aquello*
   está sobre
   las brazas
   de la tierra".
   Falta el agua.
   Somos el agua.

Soy mujer
manantial. *Soy la mujer payasa*.
Soy la guardiana de los días.
Soy todo lo que cambia.
Soy la tierra florecida.
Soy la aridez que espera la lluvia.
Estoy en la fila
de un cajero. Son la once
de la mañana.
Oigo la conversación
                    de una señora
            que dice estar enferma:
                            el marido ha muerto,
                            al parecer lo mataron
                            por robarle. Al parecer
                            se ha ido. Eso sucedió
                            hace apenas unos meses.
                            Eso sucedió ahora.
                            Hija del hombre
                            dice sentirse
                            mal consigo misma.
                            Perdió el trabajo.
Su voz raspa. Sus labios se amoldan sin ternura a la forma
de sus quejas. Sus manos se aferran a la nada de una
                                        [cartera
donde guarda pequeños trozos de paisaje que agonizan,
                        vestigios
                        de la belleza
                        de Afrodita
                        saliendo de la espuma
                        de las aguas.

El revés de una
mujer perdida en un relato de la infancia lejana,
sus ojos de cuando ella fue Criseida
en los versos de la *Ilíada*.

El tesoro
perdido,

la niña
& luego
la muchacha
que fue feliz en las fiestas
de los *Guayacanes* de Cali.
Los caminos que la llevaron a ser ella:

la mujer
que habla,
la mujer
rota,
ella misma ahora
en el lado triste
del espejo de Alicia
después de los años.
Seguramente
podría operarse

(la poesía
& la cirugía estética
& las flores
no son la santísima trinidad,
pero a lo mejor se mezclan,
forma una sola plegaria). (Liposucción-
abdominoplastia-
lipoinyección glútea

                    rejuvenecimiento
                    facial) Hacer que de nuevo
                    las partes de su cuerpo rimen
un poco con la belleza.
                    La poesía
                    & las revistas
                    de modas.
Las rimas ya no se usan
ni las faldas plisadas,
ni los bolsos de paja,
ni los tonos neutros
ni las prendas anchas
ni el tema del tiempo
ni las lágrimas en la trama.
Las predicciones
de *Mademe Sosostris*,
famosa vidente caleña
a quien visitamos
en las lomas de san Antonio...

Al parecer ella predijo este poema
mientras acariciaba
el lomo arqueado de su gata frívola.
La vida misma, las
                    extravagantes
                    modas del alma
                    como tendencia
                    para este verano.
Las modelos adineradas a veces se suicidan.
La mujer
obesa en las pasarelas.
La risa fútil de la princesa ebria.

                    (Hija del hombre,
                    dónde está tu padre)
                                        Miro el rostro
                                        de la mujer
                                        no del todo devastado
y veo un espejo
(la opacidad)
donde ya nadie se mira.
La
fila
      avanza
               muy
                    poco.
                    La fila parece una plegaria.
                                        Algunos chatean
en sus teléfonos móviles.
Hay varios cajeros
electrónicos,
pero solo
uno está
         funcionando. Mientras tanto
                    Criseida
                    ve su patria
                    en Grecia.
                    Alicia emerge completa,
                    la mujer
                    ha dejado de hablar.
                    Es casi el medio
                    día. El sol
                    nos
                    suda   (Cuerpo).
                    Yo observo

sus facciones. La
vida de ese rostro. Su
frente triturada. Su
cabello aplastado. Su
vestido de flores
por donde resbala
un llanto no llorado
por los fríos dioses
de las corporaciones
financieras.
Criseida

              de nuevo.
              De nuevo
                Hipatia
                o Fedra.
          De nuevo la mujer
          que pasa vendiendo
          frutas en una carreta.
             También lleva

un hijo de todos en su vientre.
También su risa es de Afrodita.

            También está tachada.
            Diotima de Mantinea:
               un comienzo:
la corrección amorosa del poema
habla de los lejanos días de Criseida.
             Ese es el tema.
            Las naves
de Ulises se acercan a las costas azules de la infancia
           (Criseida sueña)
           No es un final feliz.

Solo ahora la historia comienza.
La mujer que pasa vendiendo frutas
en una carreta
es la misma mujer
que aparece como noticia en el periódico
                    (la mujer muerta)
La policía investiga el caso.
La poesía investiga el tema.
La poesía se llama
                    INSISTENCIA
            (p-e-r-s-i-s-t-e-n-c-i-a   d-i-f-u-s-a).
La mujer se llama
                    flor que insiste
                    en su nombre.
Recuerdos del cautiverio en Argos. *Pensaba que tal vez me*
estrangularía con sus propias manos que yo tan a menudo
había besado dice Yourcenar en *Clitemnestra o el Crimen.*
–Falta el regreso–.

4. DIARIO DE UNA LECTORA DISPERSA (PEQUEÑO LIBRO DE LAS HUELLAS)

DÍA UNO: HUELLA SILENCIOSA DE ROSALÍA DE CASTRO

al final ella quiso ver el mar: las aguas.
Un gesto final, una decisión, un alto emblema,
también una conexión (*Ahí va la loca soñando…*)
La conciencia de sí y de las palabras,
vuelta la conciencia de la música.
Vuelta al tiempo,
la vida es lo que se siente
la vida es lo que se busca
a la vuelta de lo que se vive: tiempo: cuerpo
que adivina lo que siente,
que adivina lo que busca:
signos o signatura ella:
la signada por el misterio para el canto,
signada por el canto para ver
lo que se oye: el paisaje:
    colores y sombras.

DÍA DOS: HUELLA SILENCIOSA DE CORA CORALINA

recomienza dice ella: dice transformación:
dice recomienza como árbol: dice recomienza:
dice florecimiento (*Muerta ... seré árbol*)
la vida es lo que no cesa: afirmación:
hay muchos umbrales
en el ser: desprendimiento dice ella:
un nosotras:
ellas: un solo bordado
(no importa las contradicciones)
hilos que van y que vienen:
se enredan (la música los
ordena): Coralina tejedora: Coral ella:
coros de Coralina: viven dentro de mí:
                                    ellas:
                                    todas.

DÍA TRES: PARA UNA LECTURA DE ARISTÓTELES

una mujer a la orilla de la laguna
de Aristóteles:
        espera ver las nereidas
que configuran el discurso: espera ver
los párpados del Estagirita:
transparentes: espera ver más allá y luego:
ver más allá no importa
si se trata de ver a través
de la pantalla de gasa
supra física de los ángeles
(ver las cosas imperfectas y secundarias):
el beso que ya contiene el adiós,
la llegada donde se abren los caminos,
la leve broma que nada sabe
del peso
del llanto
de los siglos
y de la historia.

DÍA CUATRO: PARA UNA LECTURA DE PLATÓN

luz y más luz: para leer la luz que hay
en la primera página del *Fedro*: bello día
con forma de texto:
             escritura:
             la orilla quebrada
             del Iliso:
                      el rumor leve
de su corriente: esas aguas
son el espejo para los ojos
de la lectura: (Leer también busca):
como los amigos griegos:
un lugar tranquilo a la sombra
de sus días: más allá de la ciudad
para volver a la ciudad: (volver)
a la *idea* de una *Vida Nueva*.

DÍA CINCO: PARA UN RETORNO A EMILY DICKINSON

perder la fijeza: decirla ya no fijada.
Lo sonoro del silencio: hace falta: lo no fijo:
Fluyendo quieta ella: la más silenciosa
(como la noche): cuerpo para los murmullos:
cuerpo para los mundos breves: más claridad
es más misterio: (*se viaja mejor en el poema*):
hacia lo perdido: un lugar donde algo falta:
el anillo de oro
el festín
el arco iris:
en su lugar queda lo que el poema recobra:
una música: se viaja,
                        aunque el tren no se mueva.

DÍA SEIS: LA POESÍA Y LA ESCUELA DE FRANKFURT

días de la Facultad: rostros jóvenes: libros
y fotocopias: la discusión hasta tarde (pero, ¿qué
fue lo que dijo Horkheimer?): somos el resultado
de la historia. Pero hay algo más:

                                        una lectura
de poemas: el rostro del poeta
explica cómo escribió los poemas:
fueron las calles
las que escribieron estos versos
(también la noche y la bohemia)
licor en el parque (pero qué fue lo que dijo
Horkheimer): *la crítica de lo establecido*. Pero…
–Siempre hay un paisaje de peros–:
(la discusión prosigue):
           a esa decisión se agrega
           el desvarío del poeta.

DÍA SIETE: EN CLASE DE
GARCÍA MÁRQUEZ

el libro que se destruye dentro del libro:
es el libro de los libros: el mito: comienza
el libro (y una vez que comienza no acaba):
sigue siempre en nosotros: la magia: la obra:
cómo nombrarla: ella nos nombra: comienza.
(La profesora explica la estructura de la obra).
Mientras tanto hay un paisaje
de irreales palabras: en nosotros, en nosotras.
La vida de las palabras: hay que volver a leerlas
una y otra vez: para que nos lean al comienzo:
(*muchos años después...*) la obra nos sucede
y nos obra: *la armonía recobrada* (el análisis):
se movía entre las cosas con una fluidez
inexplicable: así mismo
el libro
en el libro.

DÍA OCHO: ESCRITO EN
LA CLASE DE LÓGICA

una frase no es igual a otra
frase: así las dos frases sean
la misma frase: la primera frase
dice el cielo en su hondura,
la segunda frase vuelve a decirlo
con las mismas palabras: el cielo
es azul (ya lo sabemos): o mejor
lo saben los ojos (del alma): vivimos
no en la frase sobre el azul del cielo:
vivimos el azul del cielo: cómo
decirlo para que dicho
sea de nuevo eso mismo: la mirada.

DÍA NUEVE: LEYENDO A CIORAN EN EL PATIO DE LA FACULTAD

una señora muy bien vestida: cierro los ojos: veo
su rostro: vive en París, no se mueve, espera un
tren que nunca pasa, tiene un paraguas verdoso,
tiene sombrero cosmopolita, tiene prisa por llegar,
tiene nauseas, tiene dolor de huesos, tiene un crucifijo
de plata, tiene nobles canas amarillas, tiene fastidio,
tiene estilo, aunque no grandilocuencia, por último
tiene un abrigo negro que la cubre. Ante ella Cioran
no diría nada. Por mi parte abro lo ojos y sigo leyendo.

DÍA DIEZ: PARA LEER A LEONORA CARRINGTON

una vaca que es un abrigo
sigue siendo vaca en otra parte:
la llanura imaginaria de Leonora
Carrington: mientras tanto: un enloquecido
sanatorio la persigue por dentro: ella lo pinta.
El sanatorio se borra: en su lugar aparece
la transfiguración del dios Anubis
en un jarrón egipcio que ella vio en su infancia:
alrededor danzan los siete pájaros
que escaparon del corazón de un delgado
policía. Meses después todo sigue igual:
las máscaras perplejas cuelgan
como carteras de los hombros de las nubes.

DÍA ONCE: MARÍA MERCEDES CARRANZA
O DE LA SOLEDAD

lo siento: también ciertas tardes frías me entristecen:
visceral el paso del tiempo trasforma en llanto el espejo:
un café alivia y acaso un cigarro: la calle a través
de la ventana: los autos (y, por cierto, entre las cosas
que este día me acompañan: los poemas tuyos): quiero
decir: la lucidez ante todo: una honda lección de poesía:
"La ciudad que amo se parece demasiado a mi vida".

DÍA DOCE: LEYENDO UN POEMA DE AMANDA BERENGUER

si el límite entre el mundo y el poema:
es una cinta de Moebius: qué es el asombro
del mundo, qué es el asombro del poema:
Amanda Berenguer lo sabía:
leerla esta tarde es seguir la exacta
torsión de la cinta que me hace
ser ella
siendo yo misma lo otro
de ella que la lee
como si ella fuera otra: ella misma:
la mujer que no tiene adentro
la mujer que no tiene afuera.
(*tanteo recorro camino la otra cara*)
El poema es una modificación del espacio.
El espacio es una modificación del poema.

DÍA TRECE: A PARTIR DE
MARIANNE MOORE

la disonancia está en el aire: la poesía es reelaboración
constante del panal: la miel es la sabiduría a veces.
La armonía busca las flores para expresarse: luego
está la orquesta de perfumes en el aire: el bosque
como un cuaderno de rumores: *artesano polifónico:*
una sola forma lo puede contener todo. Comprendo
dice la flor del oboe, comprendo dice el violín florecido.
El poema es a veces una Abeja y otras veces una Mantis.

DÍA CATORCE: BREVE HOMENAJE A
LA VOZ DE TOÑA LA NEGRA

lo que se hereda del padre: un bolero que retorna
con los años que nos alejan: (*Y sin embargo te quiero*)
Cali era entonces las calles que iban a la escuela: mangos
y veraneras: viento dorándonos las piernas (luego el río)
la brisa de la tarde y mi padre escuchando a Toña la Negra:
no debía de quererte No debía de quererte: y sin embargo
te quiero. Poesía: te quiero más que a mi vida, *te quiero más*
que a mis ojos. Cali era entonces una mecedora, los bailes,
los farallones, las limonadas, las orquestas, el *Séptimo cielo.*

DÍA QUINCE: MARÍA DEL CARMEN HUERTA
(Y LAS OTRAS)

no todas pudimos ser Ella: muchas de tu generación
nos volvimos madres, funcionarias, gentecita muerta,
expedicionarias del shopping y los supermercados:
nos hicimos prisioneras: crecimos viendo telenovelas,
tratando de ser buenas católicas: entonces no sabíamos
que la patria exige matrices obedientes: nos hundimos
en algo que no era la poesía ni *la borrachera de tumbadora...*
(alguna vez fuimos también *la niña más prometedora
de Cali*). Volver del exilio de la escritura a la escritura
es volver al cuerpo para seguir como vos (siempre) viva.

ÍNDICE